DISCOURS

PRONONCÉ

Par M. L'ABBÉ BONAFOUS,

PROFESSEUR DE RHÉTORIQUE AU COLLÉGE D'ALBI,

DANS LA SÉANCE DE LA DISTRIBUTION DES PRIX,

LE 26 AOÛT 1830;

ET

RÉFUTATION

DE CE DISCOURS,

Par M. D. M.

MONTPELLIER,
IMPRIMERIE D'ISIDORE TOURNEL AÎNÉ,
RUE AIGUILLERIE, N.° 27.
1830.

DISCOURS

PRONONCÉ

PAR M. L'ABBÉ BONAFOUS,

PROFESSEUR DE RHÉTORIQUE AU COLLÉGE D'ALBI,

DANS LA SÉANCE DE LA DISTRIBUTION DES PRIX,

LE 26 AOÛT 1830.

Messieurs,

UN ami des lettres parcourant avec rapidité la suite des temps et voyant le flambeau du génie s'éteindre pour des siècles après avoir jeté le plus vif éclat, s'étonnerait avec douleur, et accuserait la nature de caprice et d'inégalité. Mais, si à un premier aperçu il joint l'étude de la réflexion, s'il s'efforce de découvrir dans l'ensemble de ces apparitions soudaines et de ces longues éclipses la cause qui les produit, s'il rapproche du monde littéraire l'état de la société politique, une grande vérité résulte pour lui de cet examen, vérité qui le console et lui donne de plus en plus une haute idée des lettres et des arts. Leurs révolutions en effet ont toujours une analogie plus ou moins directe avec celles qui conduisent la destinée des empires. L'éloquence succombe sous le sceptre du despotisme : la terre classique du génie est la patrie de la liberté.

Deux républiques de l'antiquité ont fourni nos éternels modèles : la voix de Démosthène ne trouva point d'écho sous les successeurs d'Alexandre. La tribune de Cicéron et des Gracques, si entraînante et si belle devant la majesté du peuple Romain, fut insignifiante ou muette sous la majesté des Césars. Si l'éloquence passa alors du forum dans les temples des chrétiens, c'est que l'évangile offrait dans l'avenir les indemnités du présent. L'homme y retrouvait l'idée de sa grandeur perdue sous les Nérons. La noble mission du christianisme fut toujours de défendre l'opprimé. Son langage était celui de la liberté sous une forme nouvelle. Les Tertullien, les Ambroise, les Chrysostôme, se rangeaient du côté du peuple contre la tyrannie du pouvoir.

Laissons ces siècles de fer où l'hydre de la féodalité dressait ses mille têtes. Une seule figure s'y dessinerait à nos yeux, le Dante jetant à de puissants coupables le trouble et le remords.

La protection d'un Roi, père des lettres, ne put même ranimer l'antique éloquence : la France ne produisit sous François Ier que des hommes d'esprit comme Marot, des érudits comme le traducteur de Plutarque. Après cette époque, les guerres civiles nous conduisent à travers le génie de Malherbe jusqu'au siècle du grand roi; grand par les illustres de tout genre qui se groupèrent autour de son trône, grand surtout par la protection et la liberté qu'obtinrent de lui les lettres et les arts. Entendez-vous l'auteur immortel de Rodogune et de Cinna parler, comme un naturel de Rome, le langage de la liberté ? Son émule de gloire ne dut qu'à un effort de l'art ce que Corneille trouva dans la trempe énergique de son génie républicain. Que j'aime d'entendre Bossuet du haut de la chaire, entre un autel et un tombeau, renverser la colonne des vanités humaines, et, placé sur ses débris, faire la leçon au plus puissant des monarques ! Que j'aime Massillon lui rappelant avec la liberté évangélique que les rois étaient pour les peuples et non les peuples pour les rois !

Louis XIV ne comprit point que les lettres qu'il favorisait formaient l'opinion publique, et que l'opinion publique renverserait un jour l'absolutisme qu'il voulait fonder. A peine eut-il cessé de vivre que le raisonnement et la philosophie achevèrent ce que l'imagination et les arts avaient commencé, et dans moins d'un siècle éclata cette révolution, si belle dans ses principes, si déplorable dans ses excès, si glorieuse et si juste dans la masse de ses résultats.

Salut, illustre apostat des rangs de la

noblesse ! Le temps était venu où selon ta prédiction le talent devait être une puissance. Et quelle ne fut pas la tienne ! Mirabeau seul était une révolution. Les entraînements de l'assemblée me font comprendre son éloquence. Il fut de la taille de ces hommes qui nous paraissent si grands parce qu'ils sont placés sur un piédestal grec ou romain.

Oui, Messieurs, ce sont les temps qui manquent aux grands hommes, les grands hommes ne manquent jamais aux temps.

Sans nos belles institutions octroyées en 1814 et aujourd'hui conquises, institutions renversées par un ministère sot et parjure, mais coup sur coup si glorieusement vengées, nous n'aurions jamais connu cet homme qui de nos jours rappela Mirabeau, cet homme qui apporta des camps une éloquence toute armée comme Minerve éclose du cerveau de Jupiter ; cet homme enfin dont la mort pleurée comme une calamité publique fait un vide si grand dans notre tribune malgré les talents qui s'y pressent en foule.

Que devons-nous donc espérer de l'avenir de notre siècle où les droits de l'homme ont été noblement compris, énergiquement défendus! Jeunes élèves, redoublez d'efforts, entendez la voix de la patrie. Le talent seul et le patriotisme sont désormais appelés à régir la France. Trois jours ont suffi pour renverser les tours crénelées des hommes à privilége. Aucune barrière ne sépare plus le peuple-roi du roi-citoyen. Ces palmes que vous allez cueillir ne sont que les prémices des couronnes civiques qui doivent un jour orner vos nobles fronts.

Vive PHILIPPE I.er, Roi des Français!

RÉFUTATION

DU DISCOURS PRÉCÉDENT.

Que les philosophes modernes, que les impies de toutes les sectes vomies par l'erreur, que les régicides imbus de leurs doctrines sanguinaires, les mains encore fumantes du sang innocent du meilleur des rois ; que tous ces prétendus esprits forts renouvellent encore aujourd'hui leurs attaques, et réunissent leurs efforts pour renverser une seconde fois le trône de saint Louis miraculeusement rétabli parmi nous, et cette religion sainte et divine, qui fit toujours sa gloire et son appui le plus solide et le plus inébranlable ; que de leur souffle impur et calomnieux, ils rallument, dans notre malheureuse patrie, les feux presque éteints de nos discordes civiles ; que leurs cœurs avides et insensibles à la douce pitié se repaissent ou plutôt s'enivrent des torrents du sang que leur ambition démesurée a fait répandre dans la capitale du monde civilisé, de celui qui partant de la même source empoisonnée commence à couler avec effroi jusques dans nos provinces les plus reculées ; que leurs mains meurtrières, poussées par une liberté aveugle et effrénée, se fassent un jeu barbare de rouvrir ces cruelles plaies qui portent encore la première empreinte de leur férocité, que leur rage perpétuelle a envenimées, que le temps n'a pu entièrement cicatriser, mais sur lesquelles la bonté paternelle de nos rois et la bénigne influence de la religion avaient répandu si efficacement un baume salutaire et consolateur ; que dans leur impudence effrénée ils secouent témérairement le joug des autorités divines et humaines ; que dans leur fureur insensée ils se déchaînent contre une religion divine, source de tant de biens, et contre ses dignes ministres ; qu'après avoir émoussé contre elle le glaive impuissant des Néron et des Dioclétien, ils aient recours à la persécution en apparence plus douce, mais infiniment plus dangereuse des Julien et de tous les apostats anciens et modernes ; qu'ils s'efforcent d'avilir aux yeux des peuples cette religion sublime, de la couvrir de ridicule, de mépris et d'opprobre ; qu'ils la désavouent pour la religion de l'État et par conséquent la leur ; qu'ils soient alarmés de sa lumière et de son influence salutaires ; qu'ils s'efforcent de l'isoler de la société, de la laisser comme le triste partage des sots, des ignorants, des superstitieux, des esprits faibles et crédules ; tous ces travers d'esprit de nos philpsophes, tous ces excès, qui s'exhalent avec tant d'impétuosité de leurs cœurs corrompus, doivent sans doute nous affliger ; mais ils ne doivent point nous surprendre, ils sont la suite naturelle de leurs principes destructeurs, les conséquences affreuses de leur système absurde d'irréligion et d'indépendance, et de cette haine implacable et invétérée qu'ils ont vouée à la religion et à la monarchie.

Mais qu'un élève du sanctuaire, qu'un ministre de cette religion qui ne prêche que la paix, la soumission, l'obéissance et le respect à la puissance même injuste, qu'un organe de la vérité, qu'un orateur sacré embouche la trompette profane des partisans de l'erreur et du mensonge, pour accréditer leurs coupables maximes, pour canoniser leurs atroces rebellions ; que déserteur infâme de la cause aussi sainte que glorieuse des illustres martyrs de l'église de France, il ait l'impudence ou plutôt l'orgueilleuse témérité de s'ériger en apologiste de nos réformateurs modernes ; qu'il fléchisse honteusement le genou devant leur idole abominable, je veux dire, devant cette liberté aveugle et cruelle qui a couvert de deuil notre infortunée patrie, en la plongeant dans les fers et dans la plus affreuse désolation, qui a renversé nos temples, profané nos saints mystères, égorgé jusque dans le sanctuaire du Saint des saints ses plus fidèles ministres, qui en un mot a persécuté toutes les vertus, préconisé tous les vices, assassiné tout ce qu'il y avait d'honnête et dans nos anciennes familles et dans celle de nos rois !!!........ La postérité, toujours équitable, toujours éclairée par la droite raison, aura peine à croire avec nous que de si abominables résultats aient pu découler de ces *beaux principes révolutionnaires*, dont le jeune apologiste des révolutions s'efforce de nous tracer une si belle peinture.

Ce fut aux premiers jours de cette liberté naissante, que les vils adorateurs de cette divinité cruelle et sanguinaire lui immolèrent, avec une férocité dont l'Europe n'avait point encore vu d'exemple, les plus nobles victimes du trône et du sacerdoce, et firent couler en son honneur le plus pur sang de nos rois, de nos princes et de nos pontifes; plus aveugles au milieu des lumières, plus cruels que ces peuples féroces qui immolaient autrefois des victimes humaines à leurs divinités infernales..........

L'éloquent défenseur de la liberté aura sans doute assez de talent pour la rendre aimable à de jeunes élèves, qui soupirent toujours après l'indépendance; mais il ne pourra jamais convaincre de ses avantages des hommes raisonnables, victimes infortunées depuis près d'un siècle de ses excès toujours renaissants.

Suivons notre professeur d'éloquence dans ses agréables illusions relativement aux puissantes influences des révolutions et de la liberté sur les progrès des sciences et de la littérature. Il a osé avancer que *la terre de la liberté était exclusivement la terre du génie*, que les plus grands orateurs n'avaient brillé que dans les républiques. Une assertion aussi téméraire est démentie par le témoignage de l'histoire. Tout le monde est convaincu aujourd'hui que les siècles d'Auguste et de Louis-le-Grand ont été les beaux jours de l'éloquence, le centre du bon goût, le *rendez-vous*, si j'ose m'exprimer ainsi, de tous les grands hommes ; que les arts et les sciences y furent portés à un degré de perfection, auquel nous devons désespérer de pouvoir jamais atteindre.

Nous avons vu à la vérité deux grands orateurs dans deux républiques anciennes ; mais aussi nous n'en trouvons aucun dans nos républiques modernes. L'esprit républicain n'est plus aujourd'hui celui de Rome et d'Athènes. La vertu la plus sublime, le patriotisme le plus pur et le plus désintéressé ont fait place à l'égoïsme le plus révoltant, à une ambition démesurée, à une avidité sordide et insatiable. C'est en vain que notre jeune professeur s'efforcera de nous prouver que le christianisme a favorisé la liberté populaire ou plutôt la révolte. Interprète sacré de cette morale sublime, il devrait savoir que le Législateur suprême, que le Maître souverain des hommes et des rois, que le divin Fondateur du christianisme a daigné naître à Bethléem, pour obéir aux édits, disons mieux, à la superbe vanité d'un empereur payen; qu'il a payé à César le tribut pour lui et pour ses apôtres; qu'il a défendu à Pierre de tirer le glaive pour sa défense contre la plus injuste et la plus criminelle oppression; qu'enfin pour consommer cette même obéissance à l'autorité temporelle, il s'est soumis avec une héroïque résignation (enchaînant pour ainsi dire sa puissance divine), à l'arrêt de mort prononcé contre lui par un gouvernement faible et inique.

Les premiers chrétiens, instruits par les Apôtres et par leurs successeurs de cette morale céleste, savaient mourir les armes à la main; mais ils ne levèrent jamais l'étendard de la rebellion contre leurs cruels persécuteurs; jamais on ne les vit prendre part à ces révolutions qui changèrent la face de l'État, qui renversèrent les trônes, qui armèrent les citoyens contre les citoyens mêmes. Soumis indifféremment à tous les maîtres que la variété des événements établissait sur leurs têtes, ils demeuraient paisibles au milieu des troubles qui agitaient l'empire des Césars, respectant dans les désordres de ce monde l'ordre caché de la Providence. Jamais les empereurs payens n'eurent de sujets plus fidèles, de défenseurs plus intrépides que dans la milice chrétienne. Ils étaient fidèles à leurs princes par la raison même qu'ils voulaient l'être à leur Dieu. Il n'y avait ni oppression, ni cruauté qui pût altérer leurs sentiments, et affaiblir leur fidélité. La religion seule bornait leur obéissance, comme elle bornerait encore la nôtre ; et s'ils résistaient sur leur foi, ils résistaient au moins avec modestie.

Leurs saints et illustres évêques, les Ambroise, les Chrisostôme, les Augustin, leur avaient donc inspiré au berceau ce dévouement généreux, cette soumission sans bornes, ces vertus sublimes qui découlent de la morale évangélique. Ces hommes incomparables prêchaient d'exemple cette belle doctrine qu'ils avaient apprise à l'école de leur divin Maître. Jamais *ils ne se rangèrent du côté du peuple contre le pouvoir même tyrannique.* Il est vrai que, lorsqu'il y eut des empereurs qui abusèrent de leur autorité pour favoriser l'hérésie, ils ne craignirent point de leur reprocher avec une sainte liberté leurs égarements ; mais il est vrai aussi qu'ils se laissèrent paisiblement dépouiller de leurs siéges, qu'ils supportèrent les horreurs de l'exil et de la persécution, plutôt que de rien faire contre la loi de Dieu et contre leur conscience, qui leur prescrivaient une soumission entière aux ordres de leur souverain.

Notre jeune ecclésiastique connaît bien peu l'histoire et les sentiments des Pères de l'église et des premiers chrétiens, lorsqu'il les représente comme les défenseurs d'une doctrine qu'ils ont combattue jusqu'à l'effusion de leur sang. Il ne sera pas plus fidèle ni plus exact, en nous citant le grand Bossuet, comme le protecteur du système impie de l'indépendance, et même de la souveraineté des peuples. Ce docteur universel qui a terrassé victorieusement toutes les hérésies, était bien éloigné de professer une doctrine subversive de toutes les sociétés humaines. J'ai beau parcourir les volumes immenses de cet illustre et sublime écrivain, je n'y trouve pas un seul mot en faveur de ce pernicieux système. Au contraire, dans sa *politique* tirée de l'écriture sainte, il relève les avantages du gouvernement monarchique héréditaire. Il prouve par la même écriture sainte que la monarchie successive est basée sur le droit divin, par l'élévation du roi Saül au trône d'Israël, qui fut sacré par ordre de Dieu même, d'où il passa, par l'autorité immuable du Roi des rois, sur la tête de David et de sa postérité.

Le téméraire qui ose attaquer avec tant de liberté des autorités vivantes devrait au moins respecter le repos inviolable des morts. Ne craint-il pas que son audace scandaleuse ne réveille, ne ranime les cendres de cet immortel défenseur de la raison et de la vérité, et que de sa tombe il n'en sorte ces paroles foudroyantes : « N'insulte point à ma mé-
« moire; ne trouble point mon éternel repos,
« ne me fais point professer dans la région
« des morts, une doctrine impie, que j'ai
« toujours condamnée, que j'ai combattue,
« anéantie avec les armes toujours victorieu-
« ses de la vérité, que le Dieu de l'évangile
« m'avait mises à la main, pour venger sa
« religion sainte, outragée, attaquée par
« tant de sectaires orgueilleux, tant d'impies
« abominables. Hâte-toi plutôt de rétracter
« toi-même ces maximes impies, qui ont pu
« échapper à l'effervescence d'une jeunesse
« inconsidérée, et que tu désavoueras dans

« un âge plus avancé, sous l'empire de la
« raison éclairée par l'expérience. »

Massillon, nous a-t-il dit encore, a rappelé
à nos rois une vérité incontestable : *Que les
rois sont faits pour les peuples et non les peuples pour les rois.* Il aurait dû ajouter, avec
le même orateur, que si les souverains, en
vertu de leurs augustes titres de pasteurs et
de pères des peuples, ont des devoirs sacrés
et imprescriptibles à remplir envers leurs
sujets, les sujets à leur tour, enfants soumis
et respectueux de cette grande famille, en
ont aussi, qui ne sont ni moins rigoureux,
ni moins inviolables, envers les oints du
Seigneur revêtus de sa puissance suprême.

Après avoir encensé honteusement avec le
peuple l'idole de la liberté, il insulte à la
crédulité de ce même peuple, en lui représentant *l'hydre de la féodalité levant sur lui
ses mille têtes*, prête à l'engloutir dans ses
entrailles insatiables. Que n'a-t-il ajouté à
cette hideuse peinture le rétablissement de
la dîme? et la figure aurait été complète (1).

L'orateur du libéralisme n'aura pas plus
de respect pour les priviléges de la noblesse,
que pour ceux de la royauté. Tout ce qui

paraît éclipser ses talents *extraordinaires*, ne peut que blesser son amour-propre excessif. Peu lui importe que ces priviléges, qui excitent aujourd'hui toute sa jalousie, aient été acquis aux dépens des illustres soutiens de l'État et de nos rois ; il les réprouve, parce qu'il désespère de pouvoir jamais y parvenir par de si nobles moyens. Il se joint aux ennemis de la monarchie et de cette religion même dont il est le ministre ; il embrasse la cause infernale des Voltaire, des Rousseau, de tous les philosophes et de tous les incrédules modernes ; et par une ambition impardonnable, il livre impitoyablement la France à toutes les conséquences affreuses de leurs systèmes impies et révolutionnaires.

La triste expérience du passé ne peut lui inspirer plus de sagesse et de modération pour cet avenir sinistre qui commence à planer sur notre infortunée patrie. Au lieu d'employer l'ascendant que lui donnent et ses nobles fonctions, et l'auguste caractère dont

---

(1) Pour rendre la religion et ses ministres odieux aux bons habitants de la campagne, mais trop crédules, on a répandu dans presque tous les diocèses le bruit absurde que la dîme allait être rétablie.

il est revêtu, à préserver l'innocente jeunesse qui lui est confiée, de la contagion horrible d'un libéralisme effréné, il souffle dans le cœur de ces jeunes élèves cet amour immodéré de la liberté et de l'indépendance, auquel ils ont naturellement un penchant si violent, et qui dans l'âge des passions leur prépare pour l'avenir les chutes les plus funestes, les plus tristes naufrages.

Suivons enfin l'apologiste des révolutions dans sa touchante péroraison. Au lieu d'invoquer un Dieu juste et vengeur du crime, pour nous délivrer de ces monstres cruels qui nous déchirent au milieu de nos discordes civiles, il en invoque le plus furieux. Il prend en main l'encensoir profane, et à la honte de cette religion sacrée qu'il professe, il encense l'idole abominable du plus scélérat de tous les hommes, de ce Mirabeau, dont le nom seul fait encore frémir tout ce qu'il y a d'honnête et de vertueux, que l'histoire nous représente comme l'opprobre et la désolation de sa famille, qui, pour mettre un frein à sa jeunesse licencieuse, le fit jeter dans une maison de force, où il pût ensevelir sa honte, et mettre à couvert de sa brutalité l'innocence d'un sexe faible et vertueux. Il donne le *salut* à ce sujet rebelle qui le premier eut l'audace sacrilége de lever parmi nous l'étendard sanguinaire de l'ennemi cruel et irréconciliable du salut des hommes ! qui après avoir vomi contre le ciel et la terre la rage des enfers, expira les armes à la main contre son Dieu, contre son prince légitime, dans le délire du crime et de l'apostasie, sous la main meurtrière du prince des ténèbres ! Qui ne serait glacé d'horreur et d'indignation, en voyant un ministre de la plus pure, de la plus sainte des religions, décerner au plus infâme des criminels les récompenses célestes de la vertu ?.... Que n'invoque-t-il aussi Robespierre? Que n'écrit-il en lettres de sang sa barbare apologie? Que n'érige-t-il au plus cruel de tous les hommes un monument sur les cadavres qu'entassa son affreuse brutalité, qu'il cimenta des larmes innocentes de tant de malheureuses victimes ? Ce monstre altéré du sang humain, dont il ne put se rassasier, indigne du nom d'homme, puisqu'il en étouffa tous les sentiments, puisqu'il ne voulait régner que sur des hommes mourants et abrutis ; ce monstre enfin insultant au deuil de la nature entière, est bien digne de suivre ce glorieux précurseur, qui lui ouvrit une carrière si funeste et si sanglante, et auquel il fut redevable de son affreuse célébrité.

L'ami *des droits de l'homme si énergiquement reconquis*, termine son discours en ouvrant à ses jeunes élèves un avenir aussi brillant que prospère. Non content de bercer leur amour-propre naissant des espérances les plus glorieuses en apparence, et en effet les plus chimériques, il s'empresse *d'orner leurs nobles fronts de couronnes civiques*, et des palmes de la liberté. L'homme qui dans un âge mûr, et à l'aide de l'expérience saura réfléchir sur les tristes et funestes conséquences des principes de nos réformateurs modernes, ne partagera point l'illusion de ces beaux rêves de l'imagination brillante et fougueuse du jeune orateur, dont une coupable ambition a dirigé la plume. Cette orgueilleuse philosophie, nourrie dans l'athéisme, ouvrage impur d'un cœur corrompu, et d'un esprit rebelle, ne peut produire que les fruits les plus amers, à l'aide d'une liberté effrénée. Déjà et depuis long-temps elle a répandu son venin mortel dans le cœur de cette innocente jeunesse, qui faisait toute l'espérance de notre siècle ; elle a brisé ces liens sacrés qui l'attachaient à la divinité, à l'autorité légitime, et aux auteurs de ses jours ; elle a séduit les esprits par l'appas enchanteur de cette indépendance qui favorise toutes les passions d'un âge, où elles sont si violentes et si dangereuses ; enfin elle a presque éteint les principes de la religion la plus sublime, de la morale la plus pure, dans toutes les classes de la société. Cet affreux renversement de tous les principes honnêtes ne peut nous présager que des crimes et des malheurs.

Puisse le Dieu de nos pères, qui est aussi le nôtre, ne point appesantir entièrement sur nous et sur nos enfants sa main vengeresse ! que sa clémence paternelle se laisse enfin désarmer ! qu'elle punisse par des châtiments temporels nos crimes si multipliés ; mais qu'elle ne laisse point éteindre parmi nous le flambeau de la foi, ni briser les liens précieux de cette chaîne éternelle, qui doit toujours unir la terre au ciel, et l'homme à la divinité !!!

www.ingramcontent.com/pod-product-compliance
Lightning Source LLC
Chambersburg PA
CBHW070453080426
42451CB00025B/2715